원리를 아니까 재밌게 하니까

아하 한글 배우기

4

복잡한 글자를 배워요

창비

왜 『아하 한글 배우기』로 시작해야 할까요?

『아하 한글 배우기』는 쉬운 글자부터 어려운 글자까지, 한글을 조합하는 원리를 3단계로 배울 수 있도록 만들었어요. 주변 사물의 이름에서 필요한 글자를 찾으며 흥미를 높이고, 또 글자 모양을 몸이나 사물과 연결하며 한글의 원리를 익힐 수 있도록 했어요.
이 책은 한글을 처음 배우는 아이부터 한글 학습에 어려움을 겪는 아이 모두를 위한 기본 교재예요. 그러므로 누구나 이 책으로 한글을 배우면 모르는 글자도 읽고 쓸 수 있어요.

『아하 한글 배우기』 시리즈 구성

1단계 기본 글자를 읽어요

1권: 모음 글자를 배워요

1권에서는 먼저 모음 글자 10개(ㅏ, ㅑ, ㅓ, ㅕ, ㅗ, ㅛ, ㅜ, ㅠ, ㅡ, ㅣ)를 배워요. 이 글자들이 전체 모음 글자의 84%를 차지하기 때문이에요. 현존하는 최초의 한글 학습서인 『훈몽자회』(1527년)에도 10개의 모음이 먼저 나와요. 교과서나 사전은 'ㅏ, ㅐ, ㅑ, ㅒ, ㅓ, ㅔ…' 순서로 되어 있어 사용하기 번거로우므로, 이 책에서는 『훈몽자회』의 원칙을 따르면서, 현대 한글에서 사용하는 빈도를 고려하여 많이 쓰는 모음을 먼저 배우도록 했어요.

2권: 자음 글자를 배워요

2권에서는 첫소리에서 가장 많이 사용하는 자음 글자 13개(ㄱ, ㄴ, ㄷ, ㄹ, ㅁ, ㅂ, ㅅ, ㅈ, ㅊ, ㅋ, ㅌ, ㅍ, ㅎ)를 배워요. 'ㄱ~ㅎ'이 첫소리에 오는 경우가 전체 한글의 97%가 넘기 때문이에요. 쌍자음은 사용 빈도가 낮고, 다른 자음과 함께 배우면 부담스러우므로 복잡한 모음과 함께 가장 나중에 배워요.

글자와 소리의 중심!
기본 모음부터 탄탄하게!

많이 쓰는 자음만
모아서 먼저!

7개의 기본 받침만 먼저
효율적으로!

『아하 한글 배우기』로
한글 떼기
100% 완성!

쌍자음과 복잡한 모음만
모아 한 권으로!

2단계 받침 글자도 읽어요

3권: 받침 글자를 배워요

3권에서는 가장 많이 쓰는 기본 받침 7개(ㄱ, ㄴ, ㄹ, ㅁ, ㅂ, ㅅ, ㅇ)를 배워요.
기본 받침이 전체 받침 글자의 90%를 차지하기 때문이에요. 이들 받침은 대부분
소리 나는 대로 쓸 수 있어서 중요하고 배우기 쉬워요. 이것 역시 『훈민정음』과
『훈몽자회』의 원칙을 따른 거예요.

3단계 복잡한 글자까지 읽어요

4권: 복잡한 글자를 배워요

4권에서는 복잡한 모음 11개(ㅐ, ㅔ, ㅘ, ㅢ, ㅟ, ㅚ, ㅙ, ㅝ, ㅞ, ㅒ, ㅖ)와 복잡한
자음 5개(ㄲ, ㄸ, ㅃ, ㅆ, ㅉ)를 모아서 배워요. 잘 사용하지 않고 모양이 복잡한
글자를 모아서 한꺼번에 배우는 것이 효율적이기 때문이에요. 복잡한 모음
중에서도 'ㅒ, ㅖ'는 전체의 0.02%밖에 되지 않고 글자 모양이 어렵기 때문에
가장 나중에 배워요. 쌍자음도 전체의 2.29%밖에 안 되기 때문에 굳이 빨리 배울
필요는 없어요.

이 책을 자세히 들여다볼까요?

1단계. 복잡한 모음의 소리와 글자를 연결하고 단어를 배워요

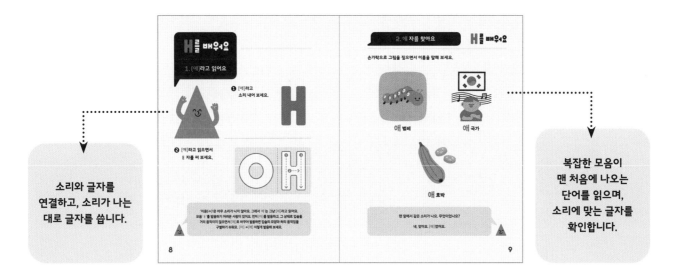

소리와 글자를 연결하고, 소리가 나는 대로 글자를 씁니다.

복잡한 모음이 맨 처음에 나오는 단어를 읽으며, 소리에 맞는 글자를 확인합니다.

복잡한 모음을 여러 번 소리 내어 읽으면서 소리와 글자를 연결합니다. 손가락으로 그림을 짚으면서 복잡한 모음이 들어간 단어를 반복하여 읽습니다. 이름을 말하다 보면 첫 글자의 소리가 같은 것을 알게 됩니다. 이 소리가 무엇인지 확인하고, 이 소리에 맞는 글자를 배운다는 점을 확실히 학습하고 넘어갑니다.

2단계. 음절 글자를 조합하는 원리를 깨우치고 글자 쓰는 연습을 해요

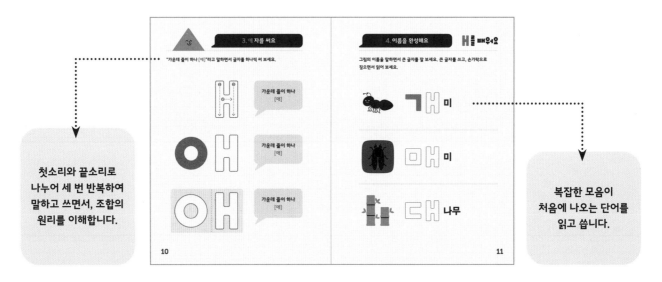

첫소리와 끝소리로 나누어 세 번 반복하여 말하고 쓰면서, 조합의 원리를 이해합니다.

복잡한 모음이 처음에 나오는 단어를 읽고 씁니다.

음절 글자의 각 부분을 나누어 하나씩 살펴보고 조합하여 완전한 글자를 만듭니다. 글자가 만들어지는 기본 원리를 확인하고, 쓰는 순서를 익힐 수 있습니다. 그런 다음 복잡한 모음이 맨 첫 글자에 나오는 단어를 읽고 씁니다.

3단계. 복잡한 자음의 소리와 글자를 연결하고 글자 모양을 기억해요

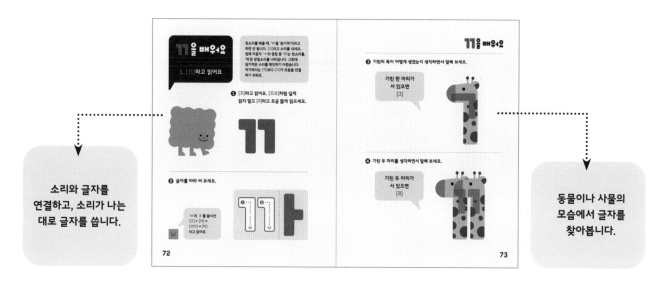

소리와 글자를 연결하고, 소리가 나는 대로 글자를 씁니다.

동물이나 사물의 모습에서 글자를 찾아봅니다.

복잡한 자음을 소리 내어 읽으면서 소리와 글자를 연결합니다.
그다음에는 'ㅏ'를 붙여 음절 글자를 만들어 소리 냅니다.

4단계. 복잡한 자음이 들어간 단어를 읽고 쓰는 연습을 해요

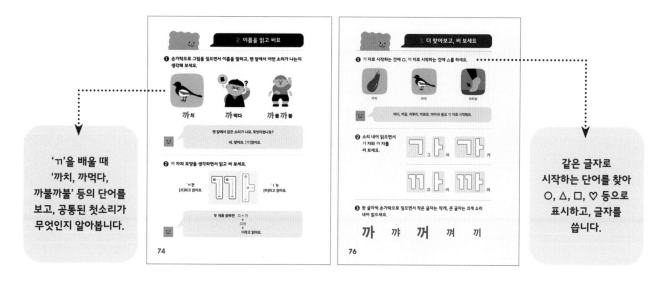

'ㄲ'을 배울 때 '까치, 까먹다, 까불까불' 등의 단어를 보고, 공통된 첫소리가 무엇인지 알아봅니다.

같은 글자로 시작하는 단어를 찾아 ○, △, □, ♡ 등으로 표시하고, 글자를 씁니다.

손가락으로 그림을 짚으면서 이름을 소리 내어 말하다 보면 첫째 음절의 소리가 같다는 것을 알게 됩니다.
자음이 모음과 만나 글자를 이루는 원리도 알아봅니다. 복잡한 자음이 첫소리에 들어간 단어를 더 찾아보고,
같은 자음 두 개로 이루어진 복잡한 자음을 소리 내어 읽으며 일반 자음과 소리의 차이에 집중합니다.

복잡한 자음과
모음 글자를 익혀 보세요.

아하 한글 배우기 ④

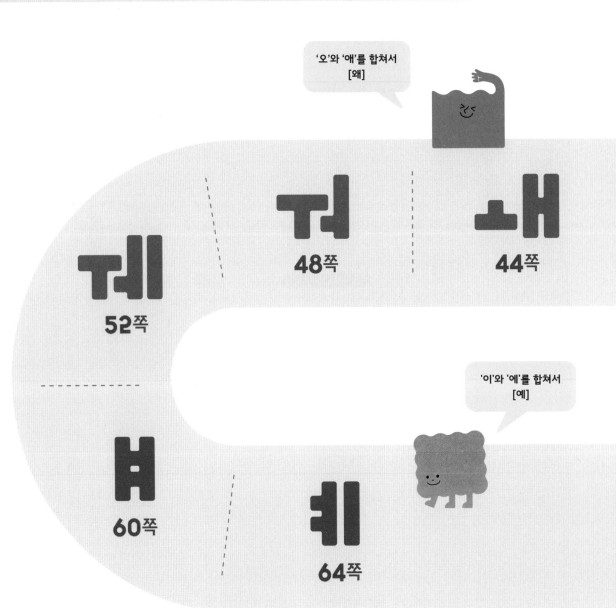

'오'와 '애'를 합쳐서
[왜]

ᅰ
52쪽

ᅱ
48쪽

ᅫ
44쪽

ᅢ
60쪽

ᅦ
64쪽

'이'와 '에'를 합쳐서
[예]

복잡한 글자를 배워요

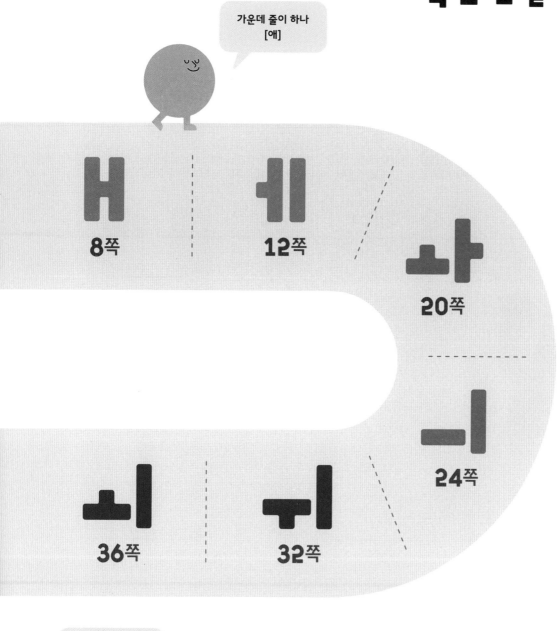

가운데 줄이 하나
[애]

악어 두 마리가
입을 벌리면
[뜨]

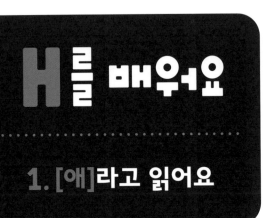

ㅐ를 배우어요

1. [애]라고 읽어요

❶ [애]라고
   소리 내어 보세요.

❷ [애]라고 읽으면서 ㅐ 자를 써 보세요.

'ㅇ'은 아무 소리가 나지 않아요. (조선 시대에는 첫소리에 'ㅇ' 소리가 있다고 보았지만, 현대 국어에는 없어요.) 그래서 '애'는 그냥 [애]라고 읽어요. 모음 'ㅐ'를 발음하기 어려운 사람이 있어요. 먼저 [아]를 발음하고, 그 상태로 입술을 거의 움직이지 않으면서 [애]로 바꾸어 발음하면 입술의 모양과 혀의 움직임을 구별하기 쉬워요. [아] → [애] 이렇게 발음해 보세요.

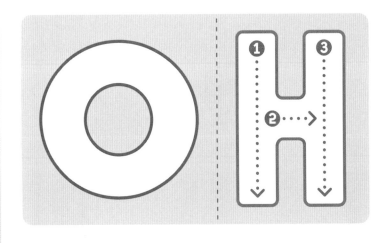

ㅐ를 배우어요

손가락으로 그림을 짚으면서 이름을 말해 보세요.

애 벌레

애 국가

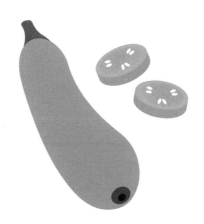

애 호박

맨 앞에서 같은 소리가 나요. 무엇이었나요?

네, 맞아요. [애]였어요.

"가운데 줄이 하나 [애]"라고 말하면서 글자를 하나씩 써 보세요.

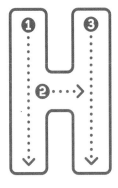

가운데 줄이 하나
[애]

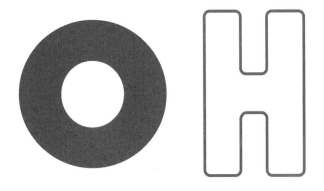

가운데 줄이 하나
[애]

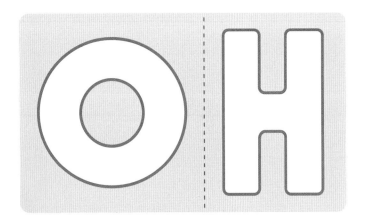

가운데 줄이 하나
[애]

그림의 이름을 말하면서 큰 글자를 잘 보세요. 큰 글자를 쓰고, 손가락으로 짚으면서 읽어 보세요.

개미

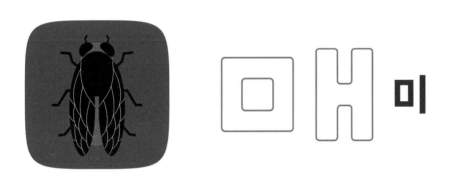

매미

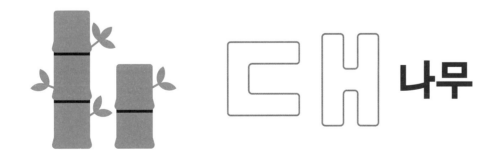

대나무

ㅔ를 배우어요

1. [에]라고 읽어요

❶ [에]라고
소리 내어 보세요.

❷ [에]라고 읽으면서 ㅔ 자를 써 보세요.

모음 'ㅔ'를 발음하기 어려운
사람이 있어요. 먼저 [어]를
발음하고, 그 상태로 입술을
거의 움직이지 않으면서
[에]로 바꾸어 발음하면
입술의 모양과 혀의 움직임을
구별하기 쉽습니다.
[어] → [에] 이렇게 발음해
보세요.

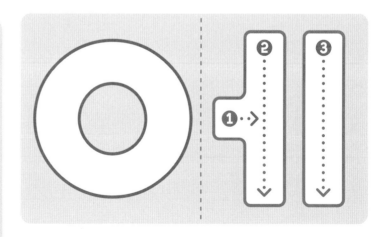

2. ㅔ 자를 찾아요

손가락으로 그림을 짚으면서 이름을 말해 보세요.

에너지

 깎아 주세요.

에누리

에디슨

맨 앞에서 같은 소리가 나요. 무엇이었나요?

네, 맞아요. [에]였어요.

13

3. 에 자를 써요

"왼쪽에 줄이 하나 [에]"라고 말하면서 글자를 하나씩 써 보세요.

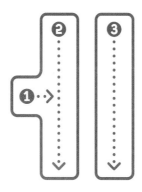

왼쪽에 줄이 하나
[에]

왼쪽에 줄이 하나
[에]

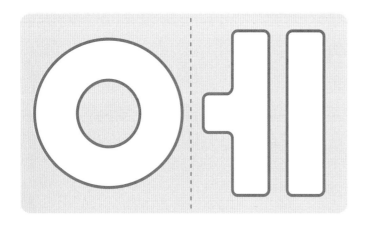

왼쪽에 줄이 하나
[에]

14

그림의 이름을 말하면서 큰 글자를 잘 보세요. 큰 글자를 쓰고, 손가락으로
짚으면서 읽어 보세요.

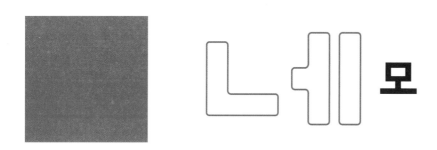

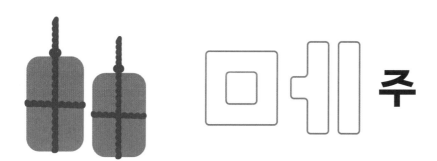

ㅐ와 ㅔ를 비교해요 1. 모양을 비교해요

① 줄이 어디에 있는지 생각하면서 말해 보세요.

가운데 줄이 하나
[애]

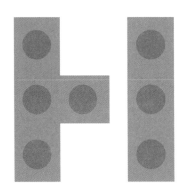 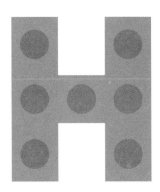

왼쪽에 줄이 하나
[에]

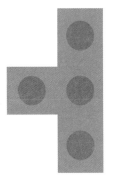  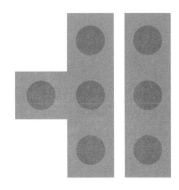

❷ 글자를 하나씩 쓰면서 말해 보세요.

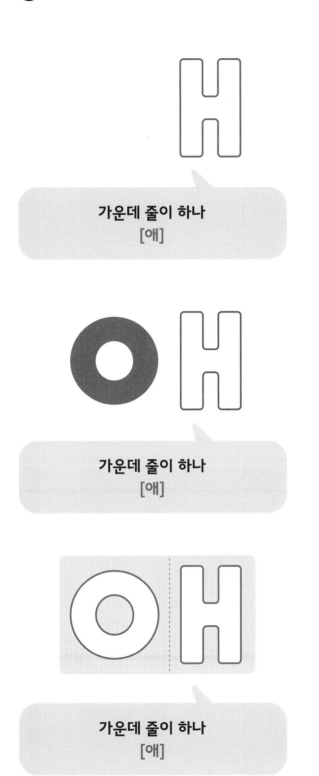

가운데 줄이 하나
[애]

가운데 줄이 하나
[애]

가운데 줄이 하나
[애]

왼쪽에 줄이 하나
[에]

왼쪽에 줄이 하나
[에]

왼쪽에 줄이 하나
[에]

❶ [애]라고 소리 내면서
ㅐ 자를 쓰세요.

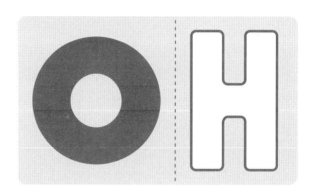

❷ [애]를 크게 소리 내면서 그림의 이름을 말해 보고, 글자를 쓰세요.

추

바라기

18

❸ [에]라고 소리 내면서
ㅔ 자를 쓰세요.

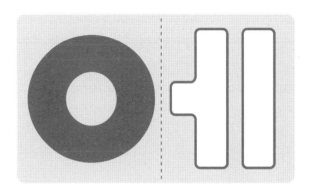

❹ [에]를 크게 소리 내면서 그림의 이름을 말해 보고, 글자를 쓰세요.

게

제 기

메 아리

ㅘ를 배우어요

1. [와]라고 읽어요

❶ [와]라고 소리 내어 보세요.

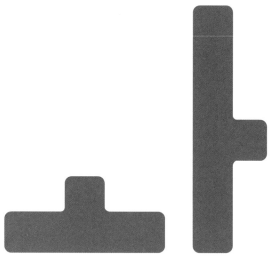

---

❷ [와]라고 읽으면서 ㅘ 자를 써 보세요.

'ㅘ'는 [오]로 시작해서
[아]로 끝나는 소리예요.
[오] + [아] → [와]라고
빨리 발음해 보세요.

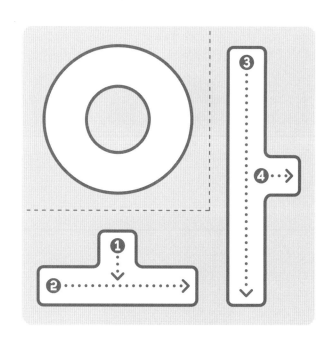

손가락으로 그림을 짚으면서 이름을 말해 보세요.

와이셔츠

와플

와르르

맨 앞에서 같은 소리가 나요. 무엇이었나요?

네, 맞아요. [와]였어요.

'오'와 '아'를 합쳐서 [와]"라고 말하면서 글자를 하나씩 써 보세요.

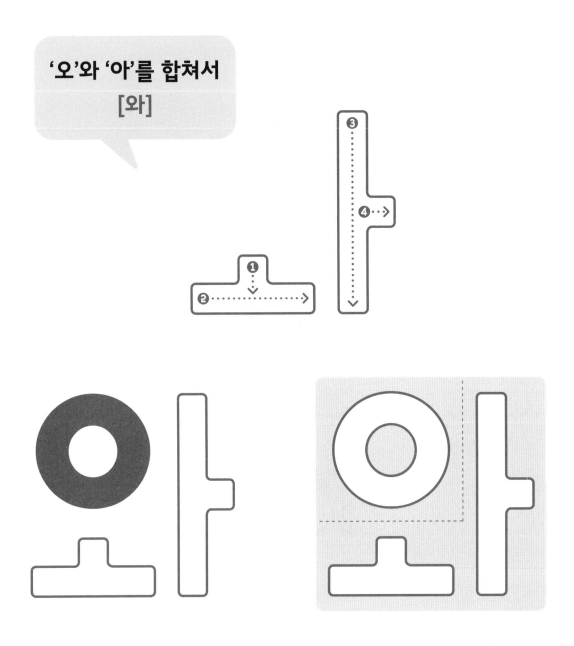

'오'와 '아'를 합쳐서
[와]

'오'와 '아'를 합쳐서
[와]

'오'와 '아'를 합쳐서
[와]

그림의 이름을 말하면서 큰 글자를 잘 보세요. 큰 글자를 쓰고, 손가락으로
짚으면서 읽어 보세요.

 이퍼

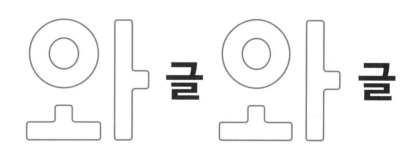 글와 글

 장창

ㅢ를 배우어요

1. [의]라고 읽어요

❶ [의]라고 소리 내어 보세요.

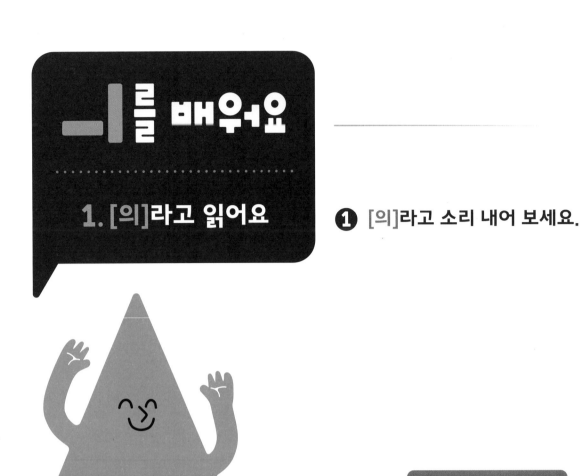

❷ [의]라고 읽으면서 ㅢ 자를 써 보세요.

'ㅢ'는 [으]로 시작해서
[이]로 끝나는 소리예요.
[으] + [이] → [의]라고
빨리 발음해 보세요.

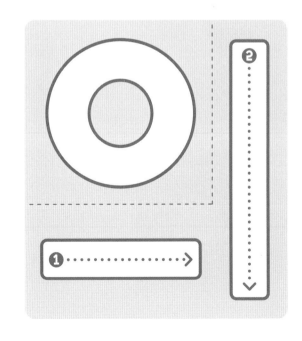

손가락으로 그림을 짚으면서 이름을 말해 보세요.

의자

의사

의심

맨 앞에서 같은 소리가 나요. 무엇이었나요?

네, 맞아요. [의]였어요.

25

"'으'와 '이'를 합쳐서 [의]"라고 말하면서 글자를 하나씩 써 보세요.

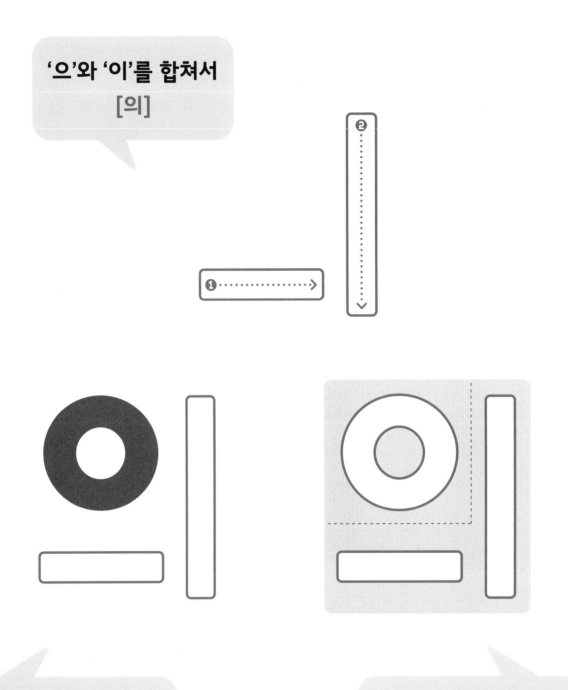

'으'와 '이'를 합쳐서
[의]

'으'와 '이'를 합쳐서
[의]

'으'와 '이'를 합쳐서
[의]

그림의 이름을 말하면서 큰 글자를 잘 보세요. 큰 글자를 쓰고, 손가락으로 짚으면서 읽어 보세요.

견

대

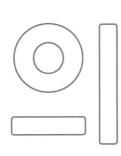병

ㅘ와 ㅢ를 비교해요 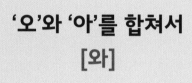 1. 모양을 비교해요

❶ 줄이 어디에 있는지 생각하면서 말해 보세요.

'오'와 '아'를 합쳐서
[와]

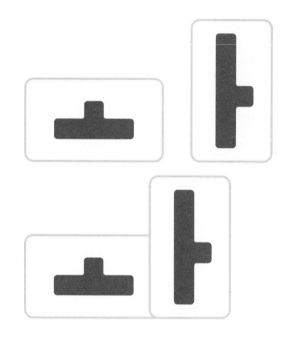

'으'와 '이'를 합쳐서
[의]

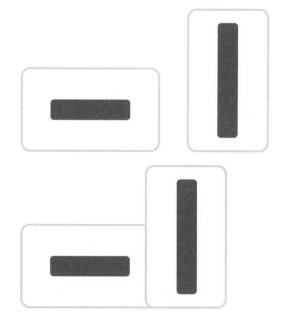

❷ 글자를 하나씩 쓰면서 말해 보세요.

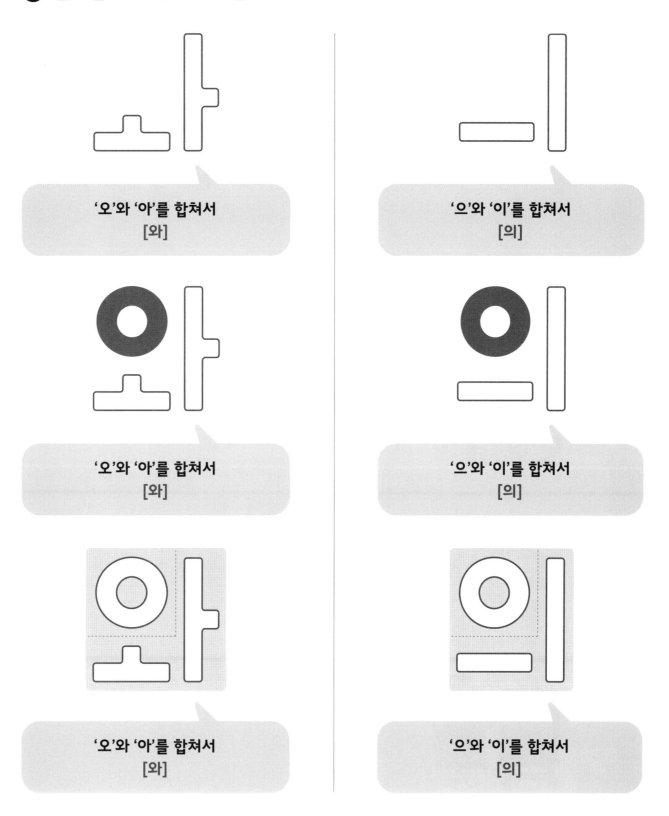

'오'와 '아'를 합쳐서
[와]

'으'와 '이'를 합쳐서
[의]

'오'와 '아'를 합쳐서
[와]

'으'와 '이'를 합쳐서
[의]

'오'와 '아'를 합쳐서
[와]

'으'와 '이'를 합쳐서
[의]

❶ [와]라고 소리 내면서
와 자를 쓰세요.

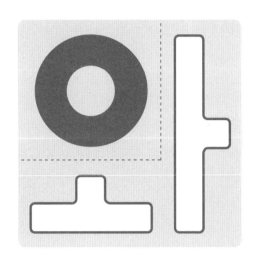

---

❷ [와]를 크게 소리 내면서 그림의 이름을 말해 보고, 글자를 쓰세요.

기 와

과 자

화 가

❸ [의]라고 소리 내면서
ㅢ 자를 쓰세요.

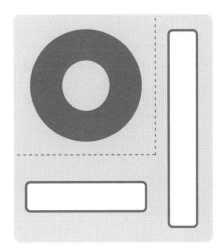

❹ [의]를 크게 소리 내면서 그림의 이름을 말해 보고, 글자를 쓰세요.

원

지

망

ᅱ를 배우어요

❶ [위]라고 소리 내어 보세요.

❷ [위]라고 읽으면서 ᅱ 자를 써 보세요.

'ᅱ'는 [우]로 시작해서 [이]로 끝나는 소리예요. [우] + [이] → [위]라고 빨리 발음해 보세요.

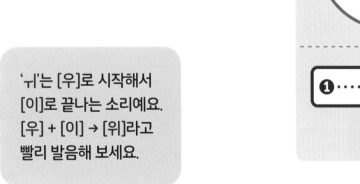

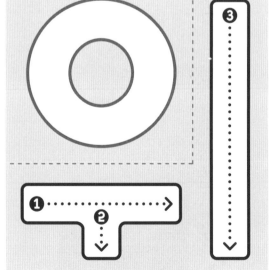

손가락으로 그림을 짚으면서 이름을 말해 보세요.

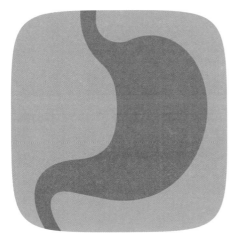

위

위인전

위험

맨 앞에서 같은 소리가 나요. 무엇이었나요?

네, 맞아요. [위]였어요.

"'우'와 '이'를 합쳐서 [위]"라고 말하면서 글자를 하나씩 써 보세요.

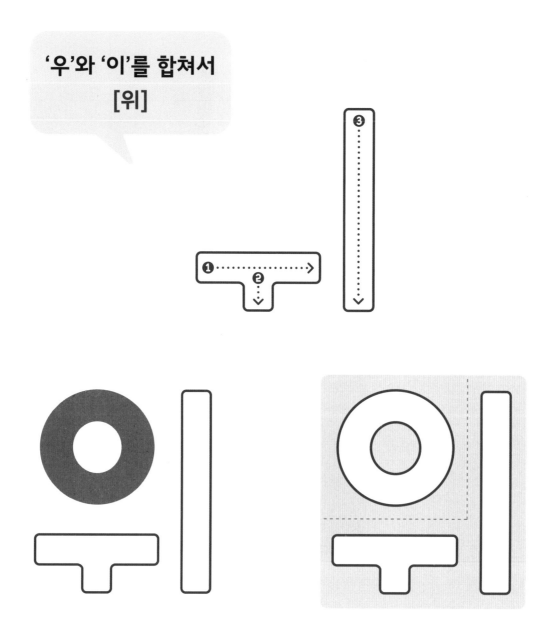

'우'와 '이'를 합쳐서
[위]

'우'와 '이'를 합쳐서
[위]

'우'와 '이'를 합쳐서
[위]

그림의 이름을 말하면서 큰 글자를 잘 보세요. 큰 글자를 쓰고, 손가락으로 짚으면서 읽어 보세요.

 도

 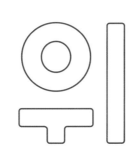문

 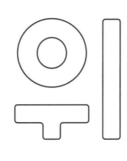성

1. [외]라고 읽어요

❶ [외]라고 소리 내어 보세요.

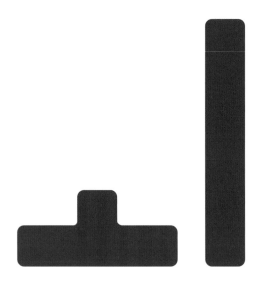

❷ [외]라고 읽으면서 ㅚ 자를 써 보세요.

'ㅚ'는 [오]로 시작해서 [이]로 끝나는 소리가 아니에요. 처음부터 끝까지 입술의 모양이 바뀌지 않아야 합니다. 오리 주둥이처럼 입을 내밀고 '오' 모양을 만든 다음, 그 모양을 그대로 유지하면서 [외]를 발음해 보세요.

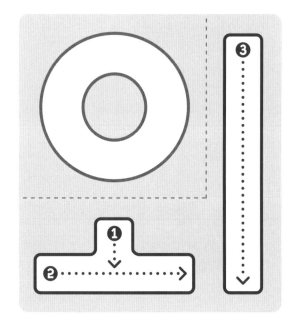

손가락으로 그림을 짚으면서 이름을 말해 보세요.

외할머니

외국인

외식

맨 앞에서 같은 소리가 나요. 무엇이었나요?

네, 맞아요. [외]였어요.

"'오'와 '이'를 합쳐서 [외]"라고 말하면서 글자를 하나씩 써 보세요.

입술을 '오' 모양으로 유지하면서
[외]라고 발음해요.

'오'와 '이'를 합쳐서
[외]

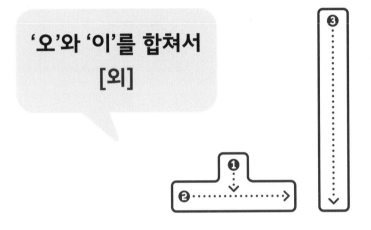

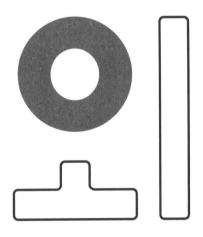

'오'와 '이'를 합쳐서
[외]

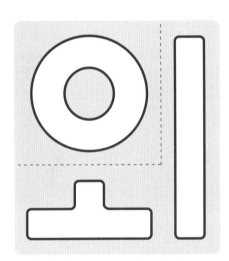

'오'와 '이'를 합쳐서
[외]

38

그림의 이름을 말하면서 큰 글자를 잘 보세요. 큰 글자를 쓰고, 손가락으로
짚으면서 읽어 보세요.

 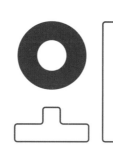 외**가**

 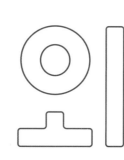 외**투**

 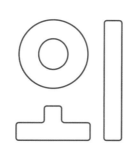 외**양간**

1 줄이 어디에 있는지 생각하면서 말해 보세요.

'우'와 '이'를 합쳐서
[위]

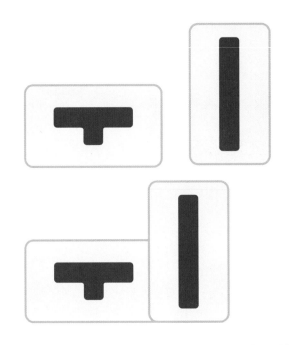

'오'와 '이'를 합쳐서
[외]

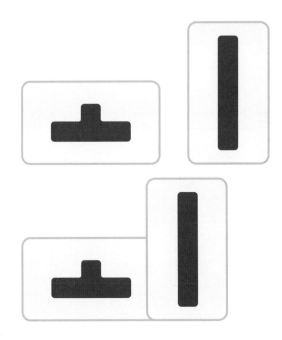

❷ 글자를 하나씩 쓰면서 말해 보세요.

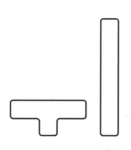

'우'와 '이'를 합쳐서
[위]

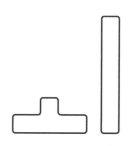

'오'와 '이'를 합쳐서
[외]

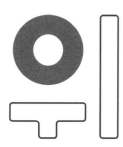

'우'와 '이'를 합쳐서
[위]

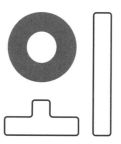

'오'와 '이'를 합쳐서
[외]

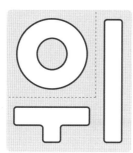

'우'와 '이'를 합쳐서
[위]

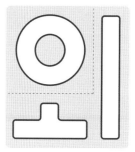

'오'와 '이'를 합쳐서
[외]

❶ [위]라고 소리 내면서
ᅱ 자를 쓰세요.

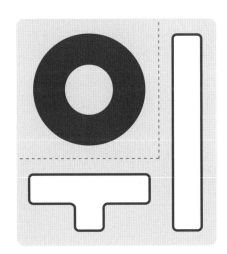

❷ [위]를 크게 소리 내면서 그림의 이름을 말해 보고, 글자를 쓰세요.

❸ [외]라고 소리 내면서
ㅚ 자를 쓰세요.

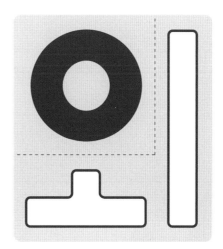

❹ [외]를 크게 소리 내면서 그림의 이름을 말해 보고, 글자를 쓰세요.

43

ㅙ를 배우어요

1. [왜]라고 읽어요

❶ [왜]라고 소리 내어 보세요.

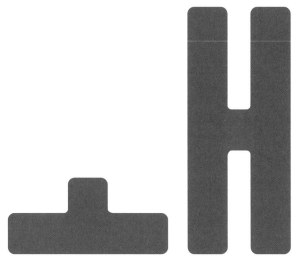

❷ [왜]라고 읽으면서 ㅙ 자를 써 보세요.

'ㅙ'는 [오]로 시작해서 [애]로 끝나는 소리예요. [오] + [애] → [왜]라고 빨리 발음해 보세요.

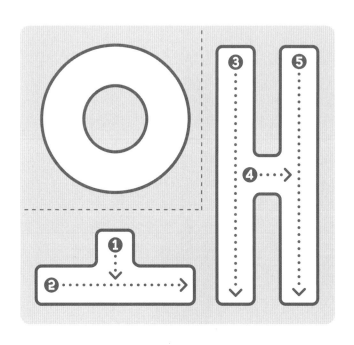

손가락으로 그림을 짚으면서 이름을 말해 보세요.

왜   왜 구

왜 가리

맨 앞에서 같은 소리가 나요. 무엇이었나요?

네, 맞아요. [왜]였어요.

"'오'와 '애'를 합쳐서 [왜]"라고 말하면서 글자를 하나씩 써 보세요.

'오'와 '애'를 합쳐서
[왜]

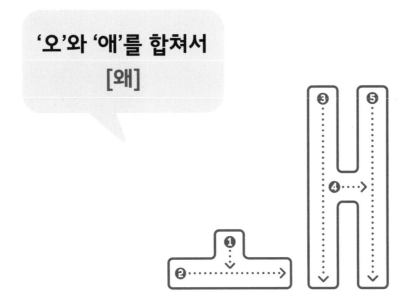

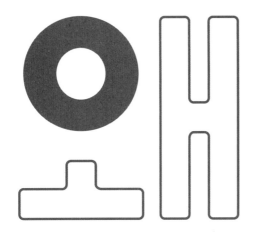

'오'와 '애'를 합쳐서
[왜]

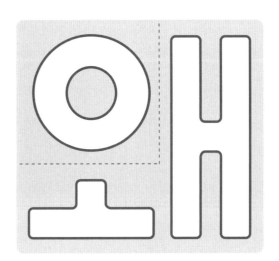

'오'와 '애'를 합쳐서
[왜]

그림의 이름을 말하면서 큰 글자를 잘 보세요. 큰 글자를 쓰고, 손가락으로 짚으면서 읽어 보세요.

 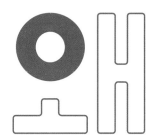 소

 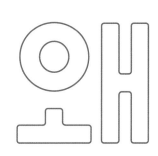 가리

 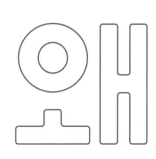 건

47

ㅝ를 배우어요

1. [워]라고 읽어요

❶ [워]라고 소리 내어 보세요.

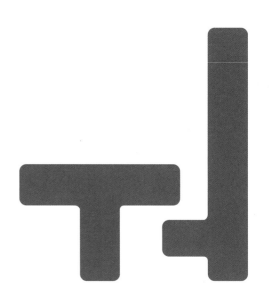

❷ [워]라고 읽으면서 ㅝ 자를 써 보세요.

'ㅝ'는 [우]로 시작해서
[어]로 끝나는 소리예요.
[우] + [어] → [워]라고
빨리 발음해 보세요.

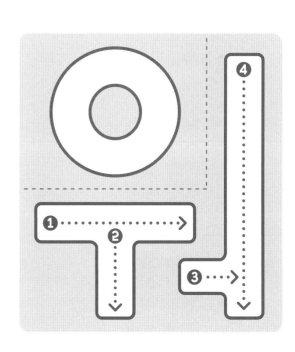

2. 워 자를 찾아요

 ㅓ를 배우어요

손가락으로 그림을 짚으면서 이름을 말해 보세요.

워

워 낭

워 싱턴

맨 앞에서 같은 소리가 나요. 무엇이었나요?

네, 맞아요. [워]였어요.

"'우'와 '어'를 합쳐서 [워]"라고 말하면서 글자를 하나씩 써 보세요.

'우'와 '어'를 합쳐서
[워]

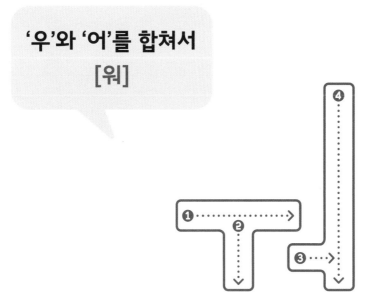

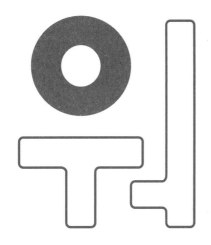

'우'와 '어'를 합쳐서
[워]

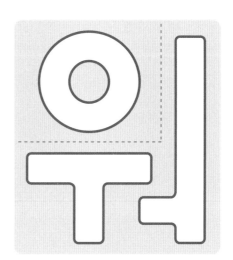

'우'와 '어'를 합쳐서
[워]

그림의 이름을 말하면서 큰 글자를 잘 보세요. 큰 글자를 쓰고, 손가락으로 짚으면서 읽어 보세요.

 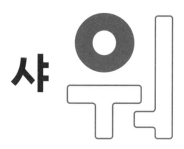

 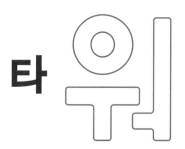

 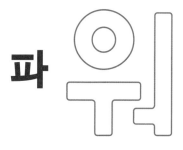

 **를 배워요**

1. [웨]라고 읽어요

❶ [웨]라고 소리 내어 보세요.

 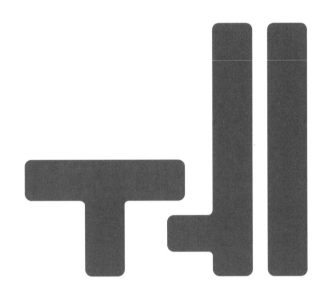

❷ [웨]라고 읽으면서 ㅞ 자를 써 보세요.

 '웨'는 [우]로 시작해서 [에]로 끝나는 소리예요. [우] + [에] → [웨]를 빨리 발음해 보세요. 잘못하면 [오] + [애] → [왜]가 되니 끝은 꼭 [에]로 발음해야 합니다.

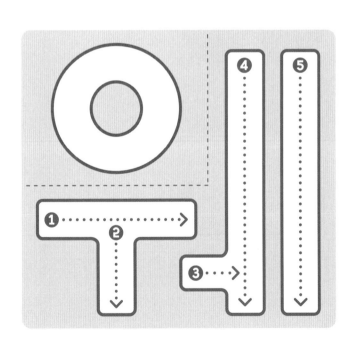

손가락으로 그림을 짚으면서 이름을 말해 보세요.

웨 딩드레스

웨 이터

웨 하스

맨 앞에서 같은 소리가 나요. 무엇이었나요?

네, 맞아요. [웨]였어요.

53

"'우'와 '에'를 합쳐서 [웨]"라고 말하면서 글자를 하나씩 써 보세요.

'우'와 '에'를 합쳐서
[웨]

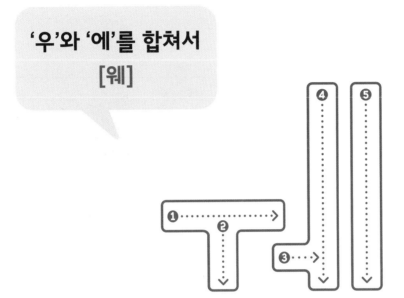

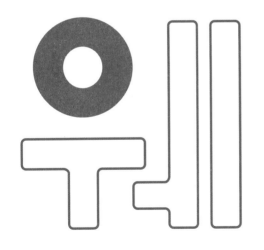

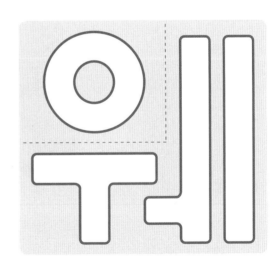

'우'와 '에'를 합쳐서
[웨]

'우'와 '에'를 합쳐서
[웨]

54

그림의 이름을 말하면서 큰 글자를 잘 보세요. 큰 글자를 쓰고, 손가락으로 짚으면서 읽어 보세요.

 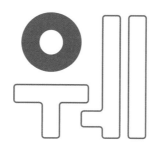 **딩드레스**

 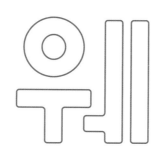 **이브**

 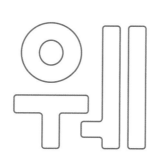 **하스**

① 줄이 어디에 있는지 생각하면서 말해 보세요.

'오'와 '애'를 합쳐서 [왜]	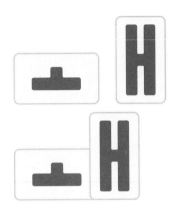
'우'와 '어'를 합쳐서 [워]	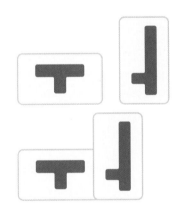
'우'와 '에'를 합쳐서 [웨]	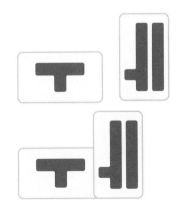

❷ 글자를 하나씩 쓰면서 말해 보세요.

'오'와 '애'를 합쳐서
[왜]

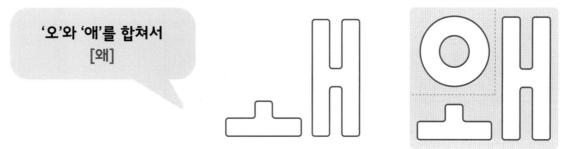

'우'와 '어'를 합쳐서
[워]

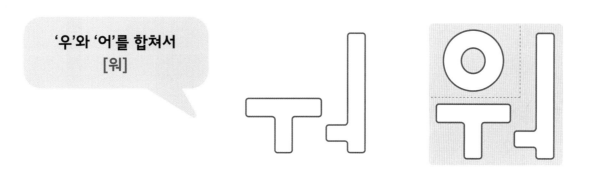

'우'와 '에'를 합쳐서
[웨]

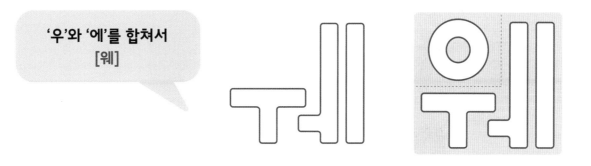

❶ [왜]라고 소리 내면서
ㅙ 자를 쓰세요.

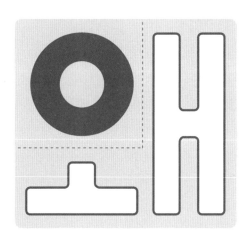

❷ [왜]를 크게 소리 내면서 그림의 이름을 말해 보고, 글자를 쓰세요.

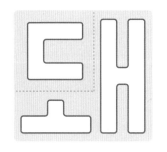 지

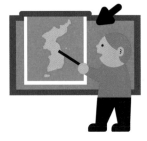
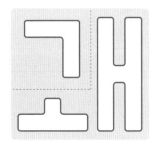 도

❸ [워]와 [웨]라고 소리 내면서 ㅝ 자와 ㅞ 자를 쓰세요.

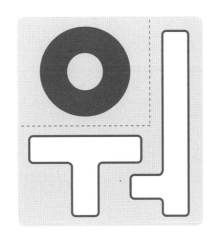 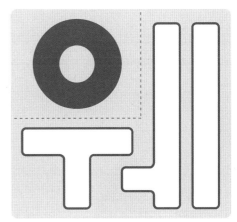

❹ [워], [웨]를 크게 소리 내면서 그림의 이름을 말해 보고, 글자를 쓰세요.

 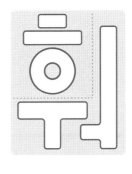 이

 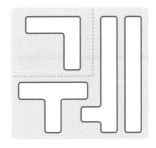 도

❶ [얘]라고
소리 내어 보세요.

---

❷ [얘]라고 읽으면서 ㅒ 자를 써 보세요.

'ㅒ'는 [이]로 시작해서
[애]로 끝나는 소리예요.
[이] + [애] → [얘]를
빨리 발음해 보세요.
발음할 때 입술 양끝을
바깥쪽으로 팽팽하게
당기세요.

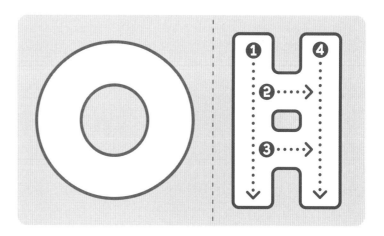

손가락으로 그림을 짚으면서 이름을 말해 보세요.

얘

얘 기책

맨 앞에서 같은 소리가 나요. 무엇이었나요?

네, 맞아요. [얘]였어요.

"가운데 줄이 두 개 [애]"라고 말하면서 글자를 하나씩 써 보세요.

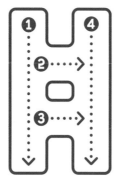

가운데 줄이 두 개
[애]

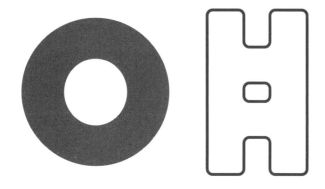

가운데 줄이 두 개
[애]

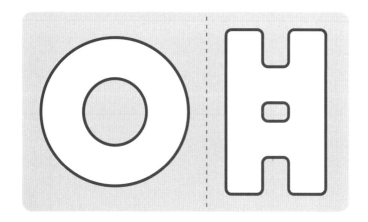

가운데 줄이 두 개
[애]

그림의 이름을 말하면서 큰 글자를 잘 보세요. 큰 글자를 쓰고, 손가락으로 짚으면서 읽어 보세요.

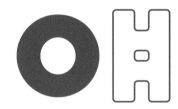

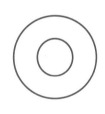 야기책

 기책

ㅖ를 배우요

1. [예]라고 읽어요

❶ [예]라고
소리 내어 보세요.

❷ [예]라고 읽으면서 ㅖ 자를 써 보세요.

'ㅖ'는 [이]로 시작해서
[에]로 끝나는 소리예요.
[이] + [에] → [예]를 빨리
발음해 보세요. 발음이
끝날 때까지 입술이 오리
주둥이처럼 앞으로 나온
채로 벌어져야 합니다.

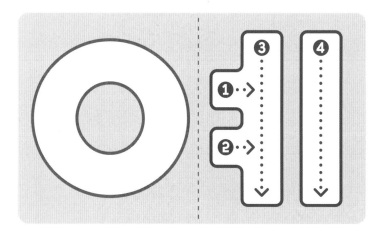

손가락으로 그림을 짚으면서 이름을 말해 보세요.

예

예금 통장

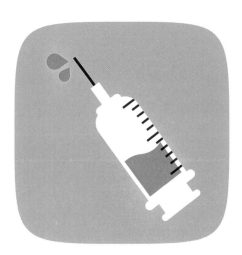

예방 주사

맨 앞에서 같은 소리가 나요. 무엇이었나요?

네, 맞아요. [예]였어요.

3. 예 자를 써요

"왼쪽에 줄이 두 개 [예]"라고 말하면서 글자를 하나씩 써 보세요.

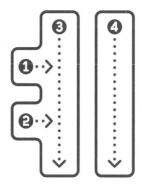

왼쪽에 줄이 두 개
[예]

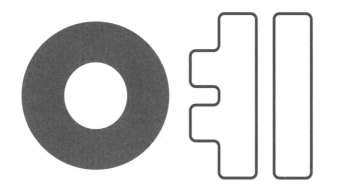

왼쪽에 줄이 두 개
[예]

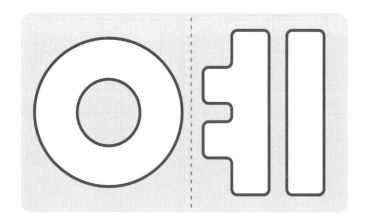

왼쪽에 줄이 두 개
[예]

그림의 이름을 말하면서 큰 글자를 잘 보세요. 큰 글자를 쓰고, 손가락으로
짚으면서 읽어 보세요.

 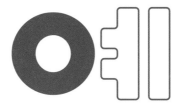

 금 통장

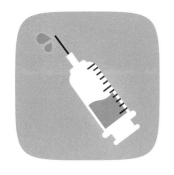 방 주사

ㅒ와 ㅖ를 비교해요 · 1. 모양을 비교해요

❶ 줄이 어디에 있는지 생각하면서 말해 보세요.

가운데 줄이 두 개
[얘]

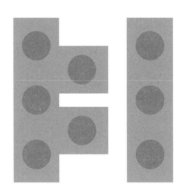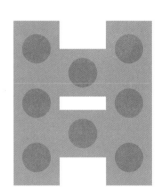

왼쪽에 줄이 두 개
[예]

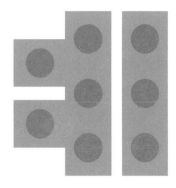

❷ 글자를 하나씩 쓰면서 말해 보세요.

가운데 줄이 두 개
[얘]

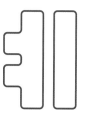

왼쪽에 줄이 두 개
[예]

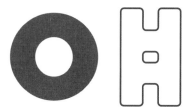

가운데 줄이 두 개
[얘]

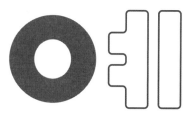

왼쪽에 줄이 두 개
[예]

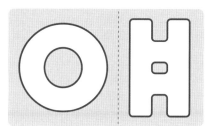

가운데 줄이 두 개
[얘]

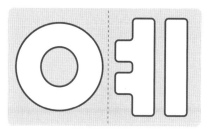

왼쪽에 줄이 두 개
[예]

① [애]라고 소리 내면서
ㅐ 자를 쓰세요.

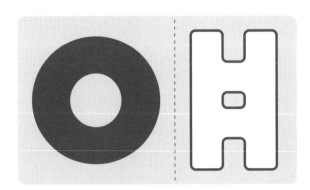

---

② [애]를 크게 소리 내면서 그림의 이름을 말해 보고, 글자를 쓰세요.

 하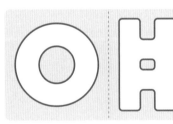지다

 뽀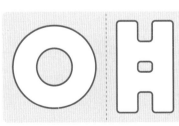지다

3 [예]라고 소리 내면서
ㅖ 자를 쓰세요.

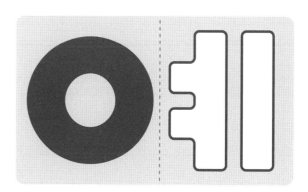

4 [예]를 크게 소리 내면서 그림의 이름을 말해 보고, 글자를 쓰세요.

노 예

시 계

혜 성

ㄲ을 배우어요

1. [끄]라고 읽어요

첫소리를 배울 때, 'ㄲ'을 '쌍기역'이라고 하면 안 됩니다. [끄]라고 소리를 내세요. 원래 자음자 'ㄱ'의 명칭 중 '기'는 첫소리를, '역'은 받침소리를 나타냅니다. 그런데 쌍기역은 소리를 확인하기 어렵습니다. 여기에서는 [끼]보다 [끄]가 모음을 연결하기 쉬워요.

❶ [끄]라고 읽어요. [끄으]처럼 길게 읽지 말고 [끄]라고 조금 짧게 읽으세요.

---

❷ 글자를 따라 써 보세요.

'ㄲ'에 'ㅏ'를 붙이면
[끄] + [아] →
[끄아] → [까]
라고 읽어요.

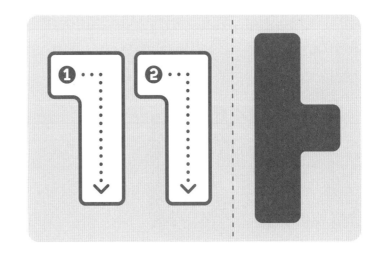

❸ 기린의 목이 어떻게 생겼는지 생각하면서 말해 보세요.

기린 한 마리가
서 있으면
[ㄱ]

❹ 기린 두 마리를 생각하면서 말해 보세요.

기린 두 마리가
서 있으면
[ㄲ]

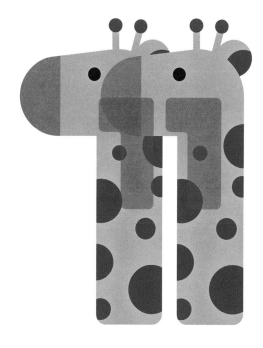

❶ 손가락으로 그림을 짚으면서 이름을 말하고, 맨 앞에서 어떤 소리가 나는지 생각해 보세요.

까치   **까**먹다   **까**불**까**불

맨 앞에서 같은 소리가 나요. 무엇이었나요?

네, 맞아요. [까]였어요.

❷ 까 자의 모양을 생각하면서 읽고 써 보세요.

'ㄲ'은
[끄]라고 읽어요.

'ㅏ'는
[아]라고 읽어요.

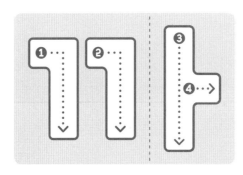

두 개를 합하면   끄 + 아
↓
끄아
↓
까라고 읽어요.

❸ 손가락으로 그림을 짚으면서 이름을 말하고, 맨 앞에서 어떤 소리가 나는지 생각해 보세요.

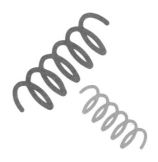

꼬 리   꼬 치   꼬 불 꼬 불

> 맨 앞에서 같은 소리가 나요. 무엇이었나요?
>
> 네, 맞아요. [ㄲ]였어요.

❹ ㄲ 자의 모양을 생각하면서 읽고 써 보세요.

'ㄲ'은 [ㄲ]라고 읽어요.

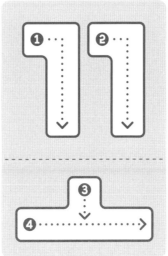

'ㅗ'는 [오]라고 읽어요.

> 두 개를 합하면
>
> ㄲ + ㅗ → ㄲㅗ → 꼬
>
> 라고 읽어요.

75

❶ **가** 자로 시작하는 것에 ○, **까** 자로 시작하는 것에 △를 하세요.

가지

까치

까치발

까다, 까꿍, 까투리, 까르르, 까마귀 등도 **까** 자로 시작해요.

❷ 소리 내어 읽으면서 **가** 자와 **까** 자를 써 보세요.

그 아

가

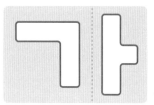

끄 아

까

❸ 한 글자씩 손가락으로 짚으면서 작은 글자는 작게, 큰 글자는 크게 소리 내어 읽으세요.

까　　꺄　　꺼　　껴　　끼

❹ 고 자로 시작하는 것에 ☐, 꼬 자로 시작하는 것에 ♡를 하세요.

꼬리　　　　　고리　　　　　꼬르륵

꼬끼오, 꼬랑지, 꼬리연, 꼬막, 꼬부랑 등도 꼬 자로 시작해요.

❺ 소리 내어 읽으면서 고 자와 꼬 자를 써 보세요.

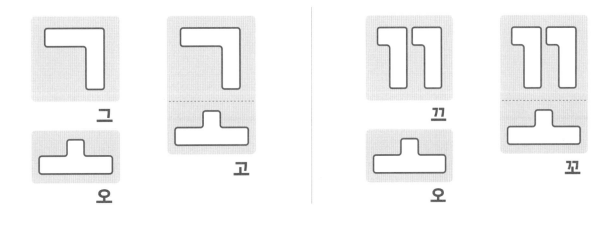

❻ 한 글자씩 손가락으로 짚으면서 작은 글자는 작게, 큰 글자는 크게 소리
내어 읽으세요.

꼬　　　꼬　　　꾸　　　뀨　　　끄

 **을 배우어요**

1. [뜨]라고 읽어요

첫소리를 배울 때, 'ㄸ'을 '쌍디귿'이라고
하면 안 됩니다. [뜨]라고 소리를 내세요.
원래 자음자 'ㄷ'의 명칭 중 '디'는 첫소리를,
'귿'은 받침소리를 나타냅니다. 그런데
쌍디귿은 소리를 확인하기 어렵습니다.
여기에서는 [띠]보다 [뜨]가 모음을 연결
하기 쉬워요.

❶ [뜨]라고 읽어요. [뜨으]처럼 길게
　읽지 말고 [뜨]라고 조금 짧게 읽으세요.

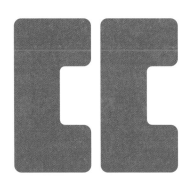

❷ 글자를 따라 써 보세요.

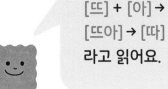

'ㄸ'에 'ㅏ'를 붙이면
[뜨] + [아] →
[뜨아] → [따]
라고 읽어요.

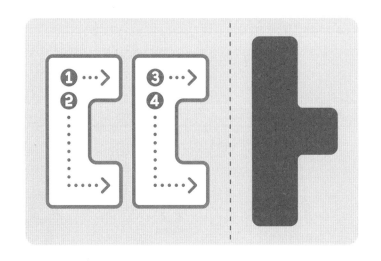

78

❸ 악어의 입 모양을 생각하면서 말해 보세요.

악어 한 마리가
입을 벌리면
[드]

❹ 악어 두 마리가 입을 벌린 모양을 생각하면서 말해 보세요.

악어 두 마리가
입을 벌리면
[뜨]

❶ 손가락으로 그림을 짚으면서 이름을 말하고, 맨 앞에서 어떤 소리가 나는지
생각해 보세요.

따르릉

따개

따끔

맨 앞에서 같은 소리가 나요. 무엇이었나요?

네, 맞아요. [따]였어요.

❷ 따 자의 모양을 생각하면서 읽고 써 보세요.

'ㄸ'은
[뜨]라고 읽어요.

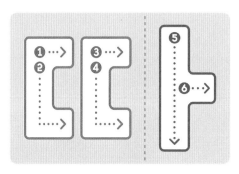

'ㅏ'는
[아]라고 읽어요.

두 개를 합하면 뜨 + 아
↓
뜨아
↓
따라고 읽어요.

❸ 손가락으로 그림을 짚으면서 이름을 말하고, 맨 앞에서 어떤 소리가 나는지 생각해 보세요.

또래

또르르

또박**또**박

맨 앞에서 같은 소리가 나요. 무엇이었나요?

네, 맞아요. [또]였어요.

❹ 또 자의 모양을 생각하면서 읽고 써 보세요.

'ㄸ'은 [뜨]라고 읽어요.

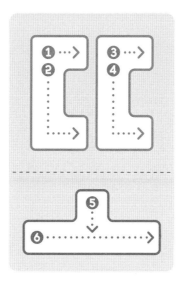

'ㅗ'는 [오]라고 읽어요.

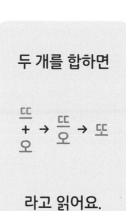

두 개를 합하면

ㄸ + ㅗ → 또 → 또

라고 읽어요.

3. 더 찾아보고, 써 보세요

❶ 다 자로 시작하는 것에 ○, **따** 자로 시작하는 것에 △를 하세요.

다리

따개비

따라다니다

따갑다, 따끈따끈, 따뜻하다, 따르다 등도 **따** 자로 시작해요.

❷ 소리 내어 읽으면서 다 자와 **따** 자를 써 보세요.

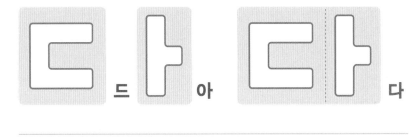

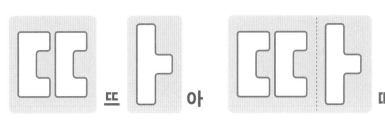

❸ 한 글자씩 손가락으로 짚으면서 작은 글자는 작게, 큰 글자는 크게 소리 내어 읽으세요.

따 따 떠 떠 띠

❹ 도 자로 시작하는 것에 □, 또 자로 시작하는 것에 ♡를 하세요.

도토리　　　　　또랑또랑　　　　　또각또각

또다시, 또렷하다, 또한 등도 또 자로 시작해요.

❺ 소리 내어 읽으면서 도 자와 또 자를 써 보세요.

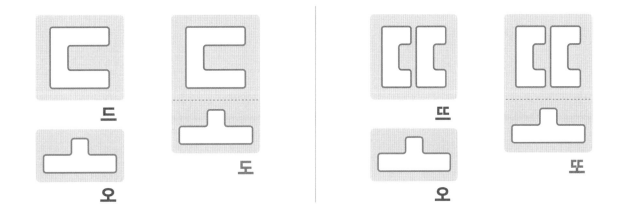

❻ 한 글자씩 손가락으로 짚으면서 작은 글자는 작게, 큰 글자는 크게 소리
내어 읽으세요.

또　　또　　뚜　　뚜　　뜨

ㅃ을 배우어요

1. [쁘]라고 읽어요

첫소리를 배울 때, 'ㅃ'을 '쌍비읍'이라고 하면 안 됩니다. [쁘]라고 소리를 내세요. 원래 자음자 'ㅂ'의 명칭 중 '비'는 첫소리를, '읍'은 받침소리를 나타냅니다. 그런데 쌍비읍은 소리를 확인하기 어렵습니다. 여기에서는 [삐]보다 [쁘]가 모음을 연결하기 쉬워요.

❶ [쁘]라고 읽어요. [쁘으]처럼 길게 읽지 말고 [쁘]라고 조금 짧게 읽으세요.

❷ 글자를 따라 써 보세요.

'ㅃ'에 'ㅏ'를 붙이면
[쁘] + [아] →
[쁘아] → [빠]
라고 읽어요.

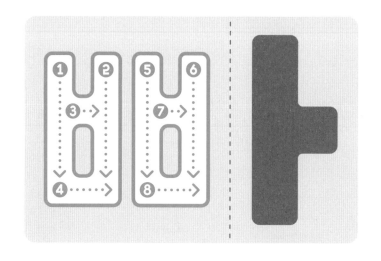

❸ 뿔 달린 염소 머리를 생각하면서 말해 보세요.

염소 한 마리가
외롭게 있으면
[브]

❹ 염소 두 마리가 나란히 서 있는 모습을 생각하면서 말해 보세요.

염소 두 마리가
다정하게 있으면
[쁘]

❶ 손가락으로 그림을 짚으면서 이름을 말하고, 맨 앞에서 어떤 소리가 나는지
생각해 보세요.

빠르다   **빠**지다   **빠**끔

맨 앞에서 같은 소리가 나요. 무엇이었나요?

네, 맞아요. [빠]였어요.

❷ **빠** 자의 모양을 생각하면서 읽고 써 보세요.

'ㅃ'은
[쁘]라고 읽어요.

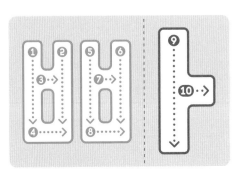

'ㅏ'는
[아]라고 읽어요.

두 개를 합하면 쁘 + 아
↓
쁘아
↓
빠라고 읽어요.

❸ 손가락으로 그림을 짚으면서 이름을 말하고, 맨 앞에서 어떤 소리가 나는지 생각해 보세요.

뽀뽀

뽀드득

뽀글뽀글

맨 앞에서 같은 소리가 나요. 무엇이었나요?

네, 맞아요. [뽀]였어요.

❹ 뽀 자의 모양을 생각하면서 읽고 써 보세요.

'ㅃ'은 [쁘]라고 읽어요.

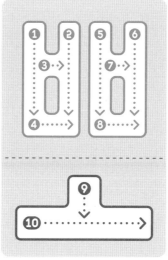

'ㅗ'는 [오]라고 읽어요.

두 개를 합하면

ㅃ
ㅗ + → 뽀 → 뽀

라고 읽어요.

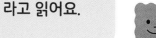

❶ 바 자로 시작하는 것에 ○, 빠 자로 시작하는 것에 △를 하세요.

바다

빠이빠이

빠뜨리다

빠르게, 빠듯하다, 빠릿빠릿, 빠스락 등도 빠 자로 시작해요.

---

❷ 소리 내어 읽으면서 바 자와 빠 자를 써 보세요.

브 아

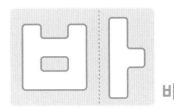

바

쁘 아

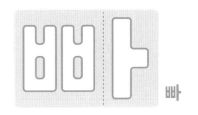

빠

---

❸ 한 글자씩 손가락으로 짚으면서 작은 글자는 작게, 큰 글자는 크게 소리 내어 읽으세요.

빠

빠

뻐

뻐

삐

❹ 보 자로 시작하는 것에 □, 뽀 자로 시작하는 것에 ♡를 하세요.

뽀르르

보자기

보송보송

뽀드득뽀드득, 뽀로통하다, 뽀사삭대다, 뽀얗다 등도 뽀 자로 시작해요.

---

❺ 소리 내어 읽으면서 보 자와 뽀 자를 써 보세요.

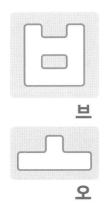

브

오

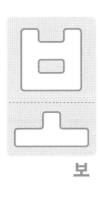

보

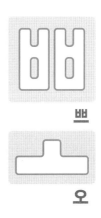

뽀

오

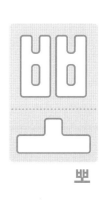

뽀

---

❻ 한 글자씩 손가락으로 짚으면서 작은 글자는 작게, 큰 글자는 크게 소리
내어 읽으세요.

뽀　　뽀　　뿌　　뿌　　쁘

89

ㅆ을 배우어요

1. [쓰]라고 읽어요

첫소리를 배울 때, 'ㅆ'을 '쌍시옷'이라고 하면 안 됩니다. [쓰]라고 소리를 내세요. 원래 자음자 'ㅅ'의 명칭 중 '시'는 첫소리를, '옷'은 받침소리를 나타냅니다. 그런데 쌍시옷은 소리를 확인하기 어렵습니다. 여기에서는 [씨]보다 [쓰]가 모음을 연결하기 쉬워요.

❶ [쓰]라고 읽어요. [쓰으]처럼 길게 읽지 말고 [쓰]라고 조금 짧게 읽으세요.

❷ 글자를 따라 써 보세요.

'ㅆ'에 'ㅏ'를 붙이면
[쓰] + [아] →
[쓰아] → [싸]
라고 읽어요.

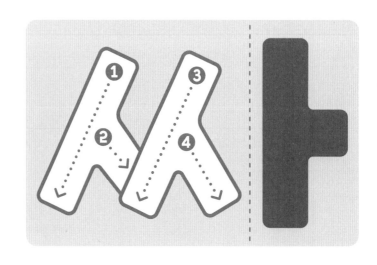

❸ 삿갓의 모양을 생각하면서 말해 보세요.

삿갓이 하나 있으면
[스]

❹ 두 사람이 삿갓을 쓴 모습을 생각하면서 말해 보세요.

삿갓이 두 개 있으면
[쓰]

❶ 손가락으로 그림을 짚으면서 이름을 말하고, 맨 앞에서 어떤 소리가 나는지 생각해 보세요.

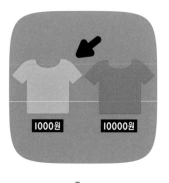

싸구려

싸다

싸움

맨 앞에서 같은 소리가 나요. 무엇이었나요?

네, 맞아요. [싸]였어요.

❷ 싸 자의 모양을 생각하면서 읽고 써 보세요.

'ㅆ'은
[쓰]라고 읽어요.

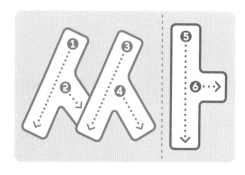

'ㅏ'는
[아]라고 읽어요.

두 개를 합하면 쓰 + 아
↓
쓰아
↓
싸라고 읽어요.

❸ 손가락으로 그림을 짚으면서 이름을 말하고, 맨 앞에서 어떤 소리가 나는지
생각해 보세요.

<u>쏘</u>다   <u>쏘</u>시개   <u>쏘</u>곤<u>쏘</u>곤

> 맨 앞에서 같은 소리가 나요. 무엇이었나요?
>
> 네, 맞아요. [쏘]였어요.

❹ 쏘 자의 모양을
생각하면서
읽고 써 보세요.

'ㅆ'은 [쓰]라고 읽어요.

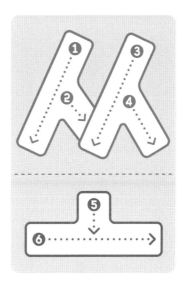

'ㅗ'는 [오]라고 읽어요.

> 두 개를 합하면
>
> 쓰 + 오 → 쓰오 → 쏘
>
> 라고 읽어요.

93

❶ 사 자로 시작하는 것에 ○, 싸 자로 시작하는 것에 △를 하세요.

싸우다

사자

싸다

싸우다, 싸리, 싸라기눈, 싸리나무, 싸리비 등도 싸 자로 시작해요.

❷ 소리 내어 읽으면서
사 자와 싸 자를
써 보세요.

스 아

사

쓰 아

싸

❸ 한 글자씩 손가락으로 짚으면서 작은 글자는 작게, 큰 글자는 크게 소리
내어 읽으세요.

싸   쌰   써   쎠   씨

❹ 소 자로 시작하는 것에 □, 쏘 자로 시작하는 것에 ♡를 하세요.

소라

쏘이다

쏘가리

쏘곤거리다, 쏘아보다 등도 쏘 자로 시작해요.

❺ 소리 내어 읽으면서 소 자와 쏘 자를 써 보세요.

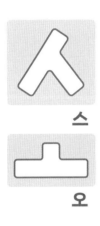
스
오

소

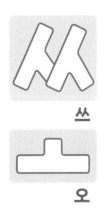
쓰
오

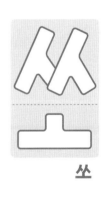
쓰

❻ 한 글자씩 손가락으로 짚으면서 작은 글자는 작게, 큰 글자는 크게 소리 내어 읽으세요.

쏘　쑈　쑤　쓔　쓰

ㅉ을 배우어요

1. [쯔]라고 읽어요

첫소리를 배울 때, 'ㅉ'을 '쌍지읒'이라고
하면 안 됩니다. [쯔]라고 소리를 내세요.
원래 자음자 'ㅈ'의 명칭 중 '지'는 첫소리를,
'읒'은 받침소리를 나타냅니다. 그런데
쌍지읒은 소리를 확인하기 어렵습니다.
여기에서는 [찌]보다 [쯔]가 모음을 연결
하기 쉬워요.

❶ [쯔]라고 읽어요. [쯔으]처럼 길게
읽지 말고 [쯔]라고 조금 짧게 읽으세요.

❷ 글자를 따라 써 보세요.

'ㅉ'에 'ㅏ'를 붙이면
[쯔] + [아] →
[쯔아] → [짜]
라고 읽어요.

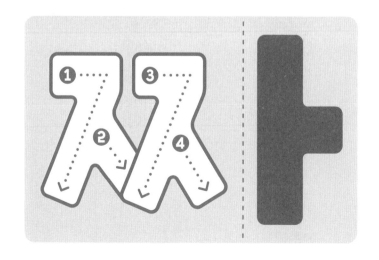

96

❸ 이삿짐 차의 모양을 생각하면서 말해 보세요.

이삿짐 차가
한 대 있으면
[즈]

❹ 이삿짐 차 두 대의 모양을 생각하면서 말해 보세요.

이삿짐 차가
두 대 있으면
[쯔]

❶ 손가락으로 그림을 짚으면서 이름을 말하고, 맨 앞에서 어떤 소리가 나는지 생각해 보세요.

짜장면

짜다

짜다

맨 앞에서 같은 소리가 나요. 무엇이었나요?

네, 맞아요. [짜]였어요.

❷ **짜** 자의 모양을 생각하면서 읽고 써 보세요.

'ㅉ'은
[쯔]라고 읽어요.

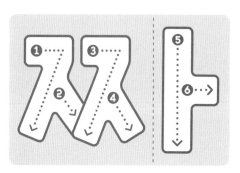

'ㅏ'는
[아]라고 읽어요.

두 개를 합하면 ㅉ + ㅏ
↓
쯔아
↓
짜라고 읽어요.

❸ 손가락으로 그림을 짚으면서 이름을 말하고, 맨 앞에서 어떤 소리가 나는지 생각해 보세요.

쪼 다

쪼 개다

쪼 글 **쪼** 글

맨 앞에서 같은 소리가 나요. 무엇이었나요?

네, 맞아요. [쪼]였어요.

❹ **쪼** 자의 모양을 생각하면서 읽고 써 보세요.

'ㅉ'은 [쯔]라고 읽어요.

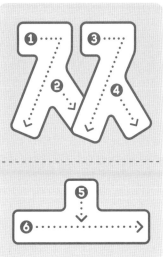

'ㅗ'는 [오]라고 읽어요.

두 개를 합하면

$$\frac{ㅉ}{ㅗ} \rightarrow \frac{ㅉ}{ㅗ} \rightarrow 쪼$$

라고 읽어요.

3. 더 찾아보고, 써 보세요

❶ 자 자로 시작하는 것에 ○, 짜 자로 시작하는 것에 △를 하세요.

짜증

짜다

자전거

 짜글짜글, 짜깁기, 짜내다, 짜박짜박 등도 짜 자로 시작해요.

❷ 소리 내어 읽으면서 자 자와 짜 자를 써 보세요.

 즈 아  자

 쯔 아 짜

❸ 한 글자씩 손가락으로 짚으면서 작은 글자는 작게, 큰 글자는 크게 소리 내어 읽으세요.

짜　　짜　　쩌　　쪄　　찌

④ **조** 자로 시작하는 것에 □, **쪼** 자로 시작하는 것에 ♡를 하세요.

조개

쪼그리다

쪼르륵

쪼가리, 쪼금, 쪼로록, 쪼이다, 쪼잘쪼잘 등도 **쪼** 자로 시작해요.

⑤ 소리 내어 읽으면서 **조** 자와 **쪼** 자를 써 보세요.

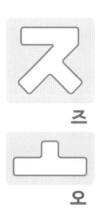

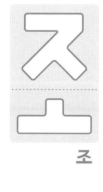

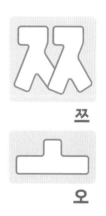

⑥ 한 글자씩 손가락으로 짚으면서 작은 글자는 작게, 큰 글자는 크게 소리 내어 읽으세요.

쪼　쪼　**쭈**　쮸　쯔

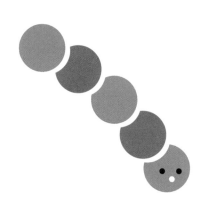

아하 한글 배우기 ❹ 복잡한 글자를 배워요

초판 1쇄 발행 2020년 12월 10일
초판 3쇄 발행 2021년 2월 20일

지은이 최영환 진지혜
그림 황나경 장현영
펴낸이 강일우
편집 이혜선 김진영
디자인 햇빛스튜디오

펴낸곳 (주)창비교육
등록 2014년 6월 20일
　　　제2014-000183호
제조국 대한민국
주소 04004 서울특별시
　　　마포구 월드컵로12길 7
전화 1833-7247
팩스 영업 070-4838-4938
　　　편집 02-6949-0953

🌐 www.changbiedu.com
✉ textbook@changbi.com
ⓒ 최영환 진지혜 2020
ISBN 979-11-6570-027-0
74710
ISBN 979-11-6570-023-2
(세트)

✱ 이 책 내용의 전부 또는 일부를
　재사용하려면 반드시 저작권자와
　(주)창비교육 양측의 동의를 받아야
　합니다.

✱ 책값은 뒤표지에 표시되어
　있습니다.

✱ KC마크는 이 제품이
　공통안전기준에 적합하였음을
　의미합니다.